Franck Leplus

Pirates

Franck Leplus

Pirates

Éditions Muse

Imprint
Any brand names and product names mentioned in this book are subject to trademark, brand or patent protection and are trademarks or registered trademarks of their respective holders. The use of brand names, product names, common names, trade names, product descriptions etc. even without a particular marking in this work is in no way to be construed to mean that such names may be regarded as unrestricted in respect of trademark and brand protection legislation and could thus be used by anyone.

Cover image: www.ingimage.com

Publisher:
Éditions Muse
is a trademark of
International Book Market Service Ltd., member of OmniScriptum Publishing Group
17 Meldrum Street, Beau Bassin 71504, Mauritius

Printed at: see last page
ISBN: 978-620-2-29235-1

PIRATES

Comédie

de

Franck LEPLUS

Cette comédie de théâtre est soumise aux droits d'auteur et de ce fait doit être déclarée auprès de la société des auteurs et compositeurs dramatiques (www.SACD.fr) au nom de l'auteur Franck LEPLUS si elle est interprétée. De plus tout plagia est contraire à tout sens moral mais également réprimandé par la loi.

PIRATES

<u>Distribution :</u>

Capitaine KNARF : Le capitaine pirate

Matelote : un matelot de sexe féminin

Maitresse Poule : un maitre coq de sexe féminin

Anne Dieulevent : une passagère

Le muet : un marin muet

La chirurgienne : Le docteur féminin de bord

Le gentilhomme : jeune homme naufragé

Le moussaillon : un jeune garçon

Durée : 90 mn

Sur le pont d'un bateau pirate…

ACTE 1

Scène 1 : Le capitaine KNARF – Matelote.

La scène se déroule sur le pont d'un bateau pirate.

Capitaine KNARF : - Sacré morsanbleu de tabernacle j'avais dit de ne pas prendre de donzelles à bord de ce navire .... Mon père qui lui aussi était marin m'avait dit : fiston Méfie-toi d'une poulie qui crie et d'une femme qui se tait. Toutes deux préparent un mauvais coup !

Matelote : - Capitaine la tempête se lève, le vent est fort et la pluie tombe drue !

Capitaine KNARF : - Qui écoute trop la météo, passe sa vie au bistrot… !

Matelote : - N'aurions-nous pas dû attendre ?

Capitaine KNARF : - Qui sort du troquet doit rester à quai !

Matelote : - Que doit-on faire ?

Capitaine KNARF : - Tais-toi ribaude : naviguer est une activité qui ne convient pas aux imposteurs. Dans bien des professions, on peut faire illusion et bluffer en toute impunité. En bateau, on sait ou on ne sait pas !

Matelote : - Capitaine nous sommes perdus !

Capitaine KNARF : - Le pessimiste se plaint du vent, l'optimiste espère qu'il va changer, le réaliste ajuste ses voiles…ajustez les voiles non de non !

Matelote : - D'accord Capitaine !

Capitaine KNARF : - Me demander d'embarquer des matelotes à bord de mon navire… et j'ai dû accepter pour rembourser mes dettes… !

Il se tourne et pisse contre le vent…

Capitaine : - De cette façon je ne suis pas vu mais qui pisse au vent, mouille son caban… mortecouille de cachalot… fol dingo de fou de bassan… c'est fait, je suis trempé … !

Il se retourne à nouveau et observant ses matelotes…

Capitaine KNARF : - Elles ne se débrouillent pas si mal que ça… holà ! Attention ! Vous allez nourrir les poissons si vous ne vous tenez pas au bastingage ! Matelote prend la biturre !

Matelote : - je n'ai pas envie de boire Capitaine !

Capitaine KNARF : - Bougresse il ne s'agit pas de boire mais de ranger cette foutue chaine d'ancre avant que l'une d'entre vous ne se retrouve avec un pied en moins !

Matelote : - Bien capitaine !

Capitaine KNARF : - Hum quand tu auras fini Matelote va tout de même à la cambuse me chercher une petite bouteille de tafia… !

Matelote : - Bien Capitaine !

Capitaine KNARF : - Bon…nous louvoyons face au vent depuis plus de trois heures … je vais regarder cette foutue carte marine pour voir où nous pouvons nous trouver !

Il chantonne tout en regardant sa carte.

Capitaine KNARF : - ***Vogue, vogue mon bateau, Vogue, vogue au fil de l'eau, Vogue, vogue mon bateau, Nous arriverons bientôt. J'ai entassé dans mes cales, Tout au long de mes escales, Des bijoux et des joyaux, Dont je leur ferais cadeau. J'ai de l'or pour plus de cent briques, Le whisky gonfle mes barriques. J'le ferai couler à flots, Nous n'boirons plus jamais d'eau….*** Je crois bien que nous sommes perdus dans ce lac immense !

Matelote : - Voici le tafia Capitaine, tout va bien ?

Capitaine KNARF : - Oui fillette !

Matelote : - Je demande la permission de parler Capitaine !

Capitaine KNARF : - Un matelot qui souhaite parler c'est déjà étonnant et sujet à une grosse connerie, alors une matelote …mais vas-y !

Matelote : - Sauf votre respect votre carte est tenue à l'envers Capitaine… !

Capitaine KNARF : - Euh je sais, je sais… Tu veux une explication sans doute ?

Matelote : - Oui Capitaine !

Capitaine KNARF : - Je suivais le sens des courants marins !

Matelote : - Excellente explication Capitaine !

Capitaine KNARF : - Es-tu satisfaite ?

Matelote : - Oui Capitaine !

Capitaine KNARF : - Eh bien va donc voir à la Cambuse ce que va nous préparer le maitre coq ou plutôt la maitresse poule…on y perd son latin avec toutes ces femmes à bord ! File donc Matelote… !

Matelote : - Bien Capitaine !

La matelote court et disparait du pont.

Capitaine KNARF : - Pas eu le choix… que des donzelles à embarquer… et un muet… Je n'avais plus un seul doublon pour attirer le péquin à bord de ce rafiau… En tous les cas j'ai fait fixer au grand mât un fer à cheval que j'ai trouvé par terre… Il nous évitera les fortes tempêtes et nous éloignera la guigne… !

Scène 2 : Le capitaine KNARF – Maitresse poule.

Une femme bien charpentée titube sur le pont, se prend les pieds dans du cordage et tombe.

Maitresse Poule : - Purée de cordage à la noix qui jonche ce foutu navire !

Capitaine KNARF : - Holà malheureuse on ne dit pas ce que tu dis !

Maitresse Poule : - Et quoi que j'aie dit Capitaine ?

Capitaine KNARF : - On dit éventuellement ficelle ou cordelette !

Maitresse Poule : - Si cela avait été une ficelle ou une cordelette je ne serais pas vautré sur le pont Capitaine !

Capitaine KNARF : - Bon tu feras plus attention la prochaine fois !

Maitresse Poule : - Il faudra surtout ranger le cordage mieux que cela !

Capitaine KNARF : - La cordelette … !

Maitresse Poule : - Oui bon la cordelette…mais ce n'est pas pour me parler de corde de chanvre que vous m'avez demandé de venir vous voir ?

Capitaine KNARF : - Quel est ton office ?

Maitresse Poule : - Au fils ? Quel fils ?

Capitaine KNARF : - Non ton office, ton travail sur ce navire…ton emploi, ton occupation !

Maitresse Poule : - Vous le savez bien : je fais la boustifaille !

Capitaine KNARF : - Voilà pourquoi je t'ai faite venir !

Maitresse Poule : - Qu'est-ce que vous voulez que je fasse à manger Capitaine ?

Capitaine KNARF : - Ce que tu veux !

Maitresse Poule : - C'est bien la peine de me faire venir ici pour me dire retourne dans ta cambuse et fais ce que tu veux !

Capitaine KNARF : - Qu'as-tu à proposer ?

Maitresse Poule : - Cuissot de chevreuil à la duchesse, pomme vapeur, légume du jardin et une petite salade de fruits pour le dessert !

Capitaine KNARF : - Merveilleux !

Maitresse Poule : - Comment voulez-vous que je fasse ça sans chevreuil, ni trop de légumes et quant aux fruits ils ne poussent pas sur les mats !

Capitaine KNARF : - Ben alors quels sont les plats que tu peux réaliser pour l'équipage ?

Maitresse Poule : - Viande séchée et fumée, ramollie dans un jus avec des haricots secs par exemple !

Capitaine KNARF : - Forcément c'est moins goûtu !

Maitresse Poule : - Soupe de poissons si toutefois quelques fainéants à ce bord seraient capables de jeter un filet sans le perdre ou de pêcher à la ligne !

Capitaine KNARF : - Oui mais encore ?

Maitresse Poule : - Des fèves, du riz, des sardines, de la viande boucanée, des pois chiches… !

Capitaine KNARF : - Et si nous faisions escale pour acheter d'autres ingrédients, il te faudrait quoi ?

Maitresse Poule : - Poules, œufs, bananes, noix de coco, carottes, navets, pommes de terre, beurre, lard, huile, moutons, miel pour remplacer le sucre, vanille… !

Capitaine KNARF : - Holà… nous n'allons pas ouvrir une auberge sur la mer !

Maitresse Poule : - Pour le reste je me débrouillerais !

Capitaine KNARF : - Quelle chance !

Maitresse Poule : - Je vois que vous ne croyez pas en mes possibilités !

Capitaine KNARF : - Mais je n'ai rien dit de tel !

Maitresse Poule : - Sachez que si vous ne m'aimez pas, je ne vous aime pas non plus !

Capitaine KNARF : - Mais que dites-vous ?

Maitresse Poule : - Vous me rabaissez !

Capitaine KNARF : - Mais non !

Maitresse Poule : - Vous tentez de m'humilier !

Capitaine KNARF : - Pas du tout !

Maitresse Poule : - Vous voulez me blesser !

Capitaine KNARF : - Vous vous trompez !
Maitresse Poule : - Alors que voulez-vous pour le déjeuner de ce midi ?

Capitaine KNARF : - Je ne sais pas !

Maitresse Poule : - ça y est maintenant vous ne savez pas !

Capitaine KNARF : - Faites donc une proposition !

Maitresse Poule : - Si je propose je vais encore me faire enguirlander parce le repas ne plaira pas à monsieur le Capitaine et si je ne propose pas c'est que je suis incapable de prendre la moindre initiative !

Capitaine KNARF : - Mais absolument pas !

Maitresse Poule : - Si ! Si ! je le ressens très bien !

Capitaine KNARF : - Holà vous me gonflez les voiles ! Faites donc ce que vous voulez, je m'en bats la noix de coco sur le pont du bateau !

Maitresse Poule : - Ce que je veux ?

Capitaine KNARF : - Mais oui sacré bon sang de cachalot ivre mort, ce que vous voulez !

Maitresse Poule : - Ce que je veux ?

Capitaine KNARF : - Mais oui en quoi dois-je te le dire ? En créole haïtien de la tortue ?

Maitresse Poule : - Aucune tortue ne sera consommée sur ce bateau !

Capitaine KNARF : - Mais non… alors que proposes-tu ?

Maitresse Poule : - Un colombo de poisson !

Capitaine KNARF : - Et le poisson ?

Maitresse Poule : - Il ne faut pas croire que la fenêtre de la cambuse est ouverte uniquement pour les odeurs… j'y laisse pendre quelques lignes et je le remonte moi-même mon poisson !

Capitaine KNARF : - Alors tout va bien… !

Maitresse Poule : - Si c'est du homard ou du crabe, ça va aussi ?

Capitaine KNARF : - Aussi !

Maitresse Poule : - Je remonte bien d'autres choses mais elles ne se mangent pas !

Capitaine KNARF : - Merci à toi, rejoints donc ta cambuse !

Maitresse Poule : - Bien Capitaine !

Elle s'en va ragaillardie tandis que le capitaine observe le lointain avec sa longue vue.

Capitaine KNARF : - Quel paysage magnifique !

Maitresse poule revient en colère.

Maitresse Poule : - Cessez de me regarder l'arrière train avec cet instrument !

Capitaine KNARF : - Mais… !

Maitresse Poule : - Oh je vous vois bien avec ce regard lubrique !

Capitaine KNARF : - Lubrique ?

Maitresse Poule : - On ne me la fait pas à moi… !

Elle repart tout en se retournant l'air colérique.

Capitaine KNARF : - Fichtre de bonne femme !

Scène 3 : Capitaine KNARF

Le capitaine, seul et dubitatif réfléchit à haute voix et songe à son passé.

Capitaine KNARF : - Qu'obtient-on par un travail honnête ? De maigres rations à peine cuisinées… un dur labeur… les coups d'un maître ou du patron …Moi, j'ai le plaisir et les aises, la liberté et la puissance. Avec, pour seul risque, la triste mine que je ferai au bout d'une corde !
J'ai ripaillé à King Port-Royal. C'est le plus immense ramassis de crapules, de forbans, d'égorgeurs qui eut jamais existé. Presque tous les flibustiers importants y ont séjourné au moins pendant quelque temps. Certains comme Morgan y ont fini leurs jours riches et puissants. D'autres, comme Rock Brasiliano, y ont terminés leurs vies ruinés et mendiants dans les rues !
J'ai séjourné à Nassau, la capitale des pirates des Antilles. Les plaisirs et la débauche y sont tels, raconte-t-on, qu'en mourant un pirate ne souhaite pas aller au ciel, mais retourner à Nassau !

Ah mais … Tortuga… La Tortue reste le centre de la flibusterie. Le repaire des pires requins des mers et des océans… Aujourd'hui vivants, demain morts, que nous importe d'amasser ou de ménager, nous ne comptons que sur le jour que nous vivons et jamais sur celui que nous avons à vivre... !

Jamais je ne serai l'esclave de quelqu'un !

Bigre ! Quelle heure peut-il être ? Avec ce temps d'anglais le soleil a disparu… Que fais donc la bougresse qui dit venir de Londres ? Holà il me semble qu'elle met ses feuilles de thé dans son eau chaude…c'est donc l'heure de la chorale !

Il cherche Matelote qui arrive chargée d'une sorte de bâche. Il lui retire la charge du dos et la jette au sol.

Scène 4 : Capitaine KNARF – Matelote – Maitresse Poule – Anne Dieulevent

Capitaine KNARF : - C'est l'heure de la chorale ! Matelote fais tinter la clochette !

Matelote : - Bien Capitaine !

Matelote agite la clochette en tous sens.

Capitaine KNARF : - C'est bon, Matelote !

Elle continue…

Capitaine KNARF : - Bon ça va !

Elle continue… Le Capitaine sort son pistolet et tire en l'air…Matelote arrête de faire sonner la clochette.

Capitaine KNARF : - Bon ben voilà… !

Anne Dieulevent arrive et se met quasiment au garde à vous. Matelote se place à côté d'elle. Le capitaine regarde si Maîtresse poule arrive.

Capitaine KNARF : - Que fait-t-elle la bougresse ?

Elle arrive en grommelant.

Maitresse Poule : - qui donc s'amuse à tuer ces pauvres oiseaux innocents et immangeables ?

Elle tend à bout de bras une mouette morte.

Capitaine KNARF : - C'est un accident !

Maitresse Poule : - Ah ben l'accident fut mortel !

Capitaine KNARF : - Cet animal s'est malencontreusement placé devant une balle qui ne lui était pas destinée !

Maitresse Poule : - Ce fut en quelque sorte un suicide ?

Capitaine KNARF : - On peut en effet l'interpréter de la sorte !

Maitresse Poule : Bon, je ne dis plus rien, sauf qu'il y aura de la mouette au menu !

Capitaine KNARF : - Bon, en place ...en place...cessons de perdre du temps ...Où est le muet ?

Matelote : - Capitaine, le muet pour chanter ?

Capitaine KNARF : - Euh oui évidemment nous n'avons pas besoin de lui !

Maitresse poule se place près des deux autres. Le capitaine se met à chanter à haute voix.

Capitaine KNARF : - ***Pavillon noir et tête de mort, Voilà les pirates ! Pavillon noir et tête de mort, Voilà les pirates qu'arrivent dans le port !***

Les trois femmes se regardent et écoutent avec attention le Capitaine.

Capitaine KNARF : - ***Ils sont cruels. Ils sont méchants, Et sous les ongles ils ont du sang. C'est le sang des petits enfants. Ils aiment les coups et la bataille. Quand ils s'battent ils ne font pas d'détail : D'abord on tue après on parle !***

Matelote : - Euh Capitaine, ce n'est pas cette chanson-là !

Capitaine KNARF : - Hum peut-être me suis-je trompé…Bon, je vous écoute !

Les trois femmes : - ***C'est mon rêve le plus beau. L'amour est un petit bateau. Ce fut l'instant suprême. On se disait "Je t'aime" sous un ciel toujours bleu. Et de voix nostalgiques sous les étoiles d'or pendant les nuits magiques nous murmuraient encore... L'amour est un petit bateau qui s'en va tout joyeux sur l'onde, voguant vers des pays nouveaux, au hasard de sa course vagabonde, bercé par la chanson des flots. Nos deux cœurs y feront le tour du monde… !***

Le capitaine les regarde, complètement désabusé.

Capitaine KNARF : - C'est ça la chanson ?

Anne Dieulevent : - Oui Capitaine !

Capitaine : - Drôle de chanson pour un bateau pirate ! L'amour est un petit bateau…et pourquoi pas mon cœur est un petit bigorneau ?

Matelote : - Ah oui bonne idée Capitaine !

Capitaine KNARF : - de mon temps on buvait, on tuait, on massacrait…Eh oui c'était le bon temps !

Le capitaine s'éloigne, complètement dépité. Il tourne le dos aux trois femmes et boit une rasade de rhum.

Lumière – Rideau – Fin acte 1

ACTE 2

Scène 1 : Le capitaine KNARF – Le Muet

Le Capitaine est sur le pont en compagnie d'un homme qui ne parle pas et qui range des accessoires qui traine sur le sol.

Capitaine KNARF : - Quelle barbe d'avoir un équipage composé de femelles !

Le muet : - Hgnnnn !

Capitaine KNARF : - Oui le muet, je ne parlais pas pour toi !

Le muet : - Hgnnnn !

Capitaine KNARF : - Oui le muet tu as raison, cela aurait pu être pire !

Le muet : - Hgnnnn !

Capitaine KNARF : - Le muet tu commences à trop parler…tu ferais bien mieux d'aller te frotter le fessard sur le banc de la cambuse à éplucher les pommes de terre !

Le muet : - Hgnnnnn !

Capitaine KNARF : - On ne discute pas les ordres de son capitaine !

Le muet : - Hgnnnnn !

Capitaine KNARF : - Ce n'est pas parce que tu es muet que tu dois la ramener !

Le muet gesticule en tous sens.

Capitaine KNARF : - Je n'y comprends rien de rien !

Il gesticule encore plus vite.

Capitaine KNARF : - Ne parle pas si vite j'ai du mal à suivre !

Le muet : - Hgnnnnnn Hgnnnnnn hgNNNNN !

Capitaine KNARF : - Je n'ai pas bien entendu mais je crois que tu as dit : « En rentrant au port, le vert est à tribord, le rouge est à bâbord, le verre de rouge est à ras-bord ! ».

Le muet fait signe que non.

Capitaine KNARF : - Un peu de respect pour ton Capitaine bougre d'andouille !

Le muet tente de répéter.

Capitaine KNARF : - La mer est salée parce qu'il y a des morues dedans. Et si elle ne déborde pas, c'est parce que la Providence, dans sa sagesse, a placé aussi des éponges. Mais bientôt un muet apprendra à nager parmi les requins !

Le muet fait signe que oui.

Capitaine KNARF : - Ah te voilà suicidaire à présent !

Le muet fait signe que non.

Capitaine KNARF : - Mais morsanbleu que dois-je faire et comprendre de tes vociférations silencieuses qui me cassent les oreilles ?

Le muet fait signe qu'il est dépité.

Capitaine KNARF : - J'ai faim !

Le muet fait signe que lui aussi.

Capitaine KNARF : Je mangerai bien un énorme thon !

Le muet saute dans tous les sens.

Capitaine KNARF : - Mais il est devenu fou ce muet bavard !

Le muet continue de sauter dans tous les sens...

Scène 2 : Le capitaine KNARF – Le Muet – Matelote

Matelote arrive sur le pont et en observant le muet elle se met elle aussi à courir en tous sens.

Capitaine KNARF : - Mais qu'est-ce qu'ils ont tous ?

Matelote : - Mais Capitaine vous ne voyez pas ?

Capitaine KNARF : - Quoi donc ?

Matelote : - Une baleine !

Capitaine KNARF : - Où ça ?

Matelote : - Là !

Capitaine KNARF : - Mais pourquoi ne m'a-t-il rien dit l'autre emplumé de muet ?

Matelote : - Rectificatif c'est un cachalot Capitaine !

Capitaine KNARF : - Quand un cachalot vient de tribord, il est prioritaire. Quand il vient de bâbord aussi !

Matelote : - Que fait-on donc Capitaine ?

Capitaine KNARF : - Laissons-le passer !

Matelote : - Nous n'avons pas la possibilité de nous opposer à telle masse !

Capitaine KNARF : - De qui parles-tu la donzelle ?

Matelote : - Du cachalot pardi !

Le capitaine la regarde perplexe.

Capitaine KNARF : - Soit… j'ai tout de même quelque doute. Si tu me manques de respect tu fleureras mon fouet et je te ferai passer sous la coque !

Matelote : - Mais Capitaine je n'ai pas été dévergondée !

Capitaine KNARF : - Je veux bien te croire pour cette fois !

Matelote : - Je vais quérir un seau et laver le pont Capitaine !

Capitaine KNARF : - Bonne résolution, tu te feras aider par le muet qui n'est pas sourd !

Matelote : - Et qui n'est pas muet !

Capitaine KNARF : - Comment il n'est pas muet ?

Matelote : - Ben oui !

Capitaine KNARF : - Le muet viens ici tout de suite !

Le muet s'approche tout penaud. Il baisse la tête.

Capitaine KNARF : - Le muet, tu ne serais pas muet selon les propos de cette donzelle !

Matelote : - Je ne mens pas !

Capitaine KNARF : - Alors ?

Le muet : - Eh bien Capitaine… !

Capitaine KNARF : - Fordieu il parle !

Matelote : - Je ne mentais pas !

Capitaine KNARF : - Bougre de coquin, pourquoi parles-tu ?

Matelote : - Parce qu'il n'est pas muet pardi !

Capitaine KNARF : - Tais-toi donc bougresse ! Parle donc le muet !

Le muet : - C'est que lorsque vous êtes venu à la taverne recruter quelques marins, vous m'avez montré du doigt en disant « tu veux être engagé… toi le muet ! »

Capitaine KNARF : - Je me souviens bien et tu as répondu Gnnnnnnn Gnnnn !

Le muet : - Oui Capitaine !

Capitaine KNARF : - Mais pourquoi donc as-tu fait cela ?

Le muet : - Parce que je pensais que vous recherchiez un muet et que si je ne l'étais pas je ne serai pas engagé sur ce bateau !

Capitaine KNARF : - Fichtre quel phénomène que ce muet qui parle !

Matelote : - Il n'avait pas le choix Capitaine !

Capitaine KNARF : - Mais silence Femelle ! Que donc vais-je faire de toi maintenant !

Matelote : - Vous recherchiez réellement un muet ?

Capitaine KNARF : - Non une muette et avec toi je suis mal payé !

Matelote : - Je ne dis plus rien !

Capitaine KNARF : - Il est temps !

Le muet : - Excusez-moi Capitaine pour cette supercherie qui … !

Capitaine KNARF : - Bon aide la bavarde à nettoyer le pont… !

Le muet : - Merci Capitaine !

Capitaine KNARF : - Fais-moi de temps à autre des Gnnnnnn comme tu savais les faire car là, le changement brutal me choque un peu !

Le muet : - Bien capitaine !

Capitaine KNARF : - Bon après cette surprenante révélation, il faut savoir que le marin se distingue par son aptitude à pratiquer la sieste à toute heure, en tous lieux, par tous les temps. Car ce qui est pris n'est plus à prendre. Je m'en vais donc faire cette sieste et que l'on ne me dérange sous aucun prétexte !

Le muet : - Bien Capitaine !

Le capitaine le regarde, se tourne vers Matelote et s'en va chancelant, encore un peu sous le choc de la révélation.

Scène 3 : Le muet – Matelote

Matelote attend que le Capitaine soir descendu dans sa cabine et s'approche du muet en riant. Elle le prend par les épaules.

Matelote : - Tu mens bien !

Le muet : - Je n'ai assurément pas menti !

Matelote : - Un peu par omission ?

Le muet : - Un peu par omission !

Matelote : - Tu as certes été engagé comme marin avec cet handicap de ne point avoir la parole mais tu es aussi mon amoureux !

Le muet : - Oui c'est aussi un peu pour cela que je suis sur ce navire !

Matelote : - un peu ?

Le muet : - Beaucoup !

Matelote : - Dommage que le Capitaine pourrait surgir à tout moment !

Le muet : - Dommage pourquoi ?

Matelote : - J'aurai bien voulu un câlin !

Le muet : - En intimité maritime, le lagon est à la lagune ce que chacun est à sa chacune.

Matelote : - Joliment dit !

Le muet : - Oh j'ai entendu dire cela par un Capitaine qui fréquentait la taverne où je t'ai vue la première fois !

Matelote : - Une bien belle expression de marin pour sa belle !

Le muet : - oui ! Mais juste après il avait dit : « En rentrant au port, le vert est à tribord, le rouge est à bâbord, le verre de rouge est à ras-bord ! ».

Matelote : - La bouteille n'est jamais loin du marin !

Le muet : - Sais-tu où nous voguons ?

Matelote : - Je ne sais ni où nous sommes ni où nous allons !

Le muet : - Le Capitaine est fort secret sur la destination de notre voyage !

Matelote : - Une aventure mystérieuse… !

Le muet : - Peut-être est-ce cette Anne de Dieuleveut … !

Matelote : - Dieulevent !

Le muet : - Oui il est fort en ce moment !

Matelote : - Qui donc ?

Le muet : - Le vent pardi !

Matelote : - Pourquoi me dis tu cela ?

Le muet : - Tu viens de me dire : Dieu, le vent !

Matelote : - Mais non bougre de nigaud, je disais que la demoiselle s'appelait Dieulevent !

Le muet : - Ah désolé, oui, je dois être un nigaud !

Matelote : - Oui mais un gentil nigaud que j'aime bien !

Elle s'approche de lui tendrement.

Le muet : - Non, attention si le capitaine revenait !

Matelote : - Il fait sa sieste !

Le muet : - S'il arrive je suis fouetté ou jeté aux requins !

Matelote : - Tu as vu un requin dans ces eaux ?

Le muet : - Pas encore mais si je fais l'appât je ne le verrai que le temps d'une bouchée !

Matelote : - Pauvre requin, n'avoir que ce baronnet à se mettre sous la dent !

Le muet : - Je disais donc Anne Dieulevent a peut-être commandité cette course !

Matelote : - Je ne sais pas !

Le muet : - Le Capitaine ne t'a pas informée de notre route ?

Matelote : - Non et j'ai des doutes sur sa lecture de carte même lorsqu'il est à jeun !

Le muet : - Nous voilà dans de beaux draps !

Matelote : - J'ai confiance en lui !

Le muet : - C'est un vieux briscard !

Matelote : - je peux te dire une chose : Le pessimiste se plaint du vent, l'optimiste espère qu'il va changer, le réaliste ajuste ses voiles.

Le muet : - Et ?

Matelote : - Eh bien aide moi car elles ne sont pas gonflées par le vent et il nous faut les réajuster !

Le muet : - Tout de suite Ma mie !

Ils s'attachent à tirer quelques cordelettes pour tendre la toile.

Scène 4 : Le Muet – Matelote – Anne Dieulevent

Les deux sont en train de travailler tandis qu'Anne Dieulevent arrive sur le pont.

Anne Dieulevent : - Bonjour, est-ce jour de tempête ?

Matelote : - Autant ce vaut !

Anne Dieulevent : - Quelle froidure sur le pont de ce navire !

Matelote : - Mademoiselle aurait dû s'affubler d'un haut de laine !

Anne Dieulevent : - Vous avez raison Matelote !

Matelote : - Voulez-vous que le muet aille le quérir dans votre cabine ?

Anne Dieulevent : - Non Laissez, je suis heureuse de prendre le frais finalement à toujours être enfermée… !

Matelote : - C'est comme vous le voulez !

Le muet : - GnnnGNnnn !

Anne Dieulevent : - Que dit-il ?

Matelote : - Je ne sais pas mais c'est un peu ridicule maintenant !

Le muet : - Gnnn Gnnnn !

Anne Dieulevent : - Pauvre homme ! Vous êtes dure avec un être qui souffre de ce handicap !

Matelote : - Il souffre ? Bon le muet arrête tes simagrées !

Le muet : - Gnnnn Gnnnn !

Anne Dieulevent : - Pauvre bougre, il mérite une piécette pour sa peine !

Matelote : - Mais non !

Anne Dieulevent : - Comment ?

Matelote : - S'il mendie ou touche un quelconque argent d'une passagère, il sera fouetté par le capitaine !

Le muet : - Oui et ça fait mal !

Anne Dieulevent est stupéfaite d'entendre la voix du muet.

Anne Dieulevent : - Mais quel est ce miracle ?

Matelote : - Excusez-le Mademoiselle mais ce muet n'est point muet. C'est mon joli cœur qui a usé de ce stratagème pour se faire embarquer et être près de moi !

Anne Dieulevent : - Le capitaine est au courant ?

Matelote : - Oui depuis peu !

Le muet : - Vous pouvez néanmoins continuer de me nommer le muet !

Anne Dieulevent : - Fort bien mais je suis fort aise qu'il ne s'agisse pas d'une quelconque sorcellerie !

Matelote : - Nous serions bien ennuyé !

Anne Dieulevent : - Pourquoi ?

Matelote : - Faire un bûcher pour brûler un sorcier sur un bateau, c'est finalement regarder les flammes et, finir noyé dans l'eau !

Le muet : - Ben oui le bateau est en bois !

Anne Dieulevent : - Oui…holà !

Anne Dieulevent fait un pas de côté à cause du tangage.

Matelote : - Attention à ne pas tomber Mademoiselle !

Le muet : - Les vagues nous ballotent !

Anne Dieulevent : - Le navire est secoué !

Matelote : - Mieux vaut flotter sans grâce que couler en beauté.

Le muet s'exclame assez soudainement et avec un air apeuré.

Le muet : - Quand mange-t-on ?

Anne Dieulevent : - Pourquoi semblez-vous si apeuré à l'idée du repas ?

Matelote : - Oui pourquoi ce ton ?

Le muet : - C'est que le Capitaine est parti faire une sieste et que normalement la sieste intervient après le repas…et le repas, on ne l'a pas encore commencé…donc je m'inquiète … à savoir … !

Anne Dieulevent : - Si nous n'aurions pas sauté le repas !

Matelote : - Je ne pense pas. Je sens d'ici l'odeur de la cuisson de Maitresse poule !

Le muet : - Euh non !

Anne Dieulevent : -Comment non ?

Le muet est un peu honteux.

Matelote : - Pourquoi as-tu dit non ?

Le muet : - Parce que c'est l'odeur de mes chausses accrochées là sur le bastingage à sécher !

Matelote : - Tu les as lavées avant de les mettre à sécher ?

Le muet : - Non !

Anne Dieulevent : - Il pense sans doute que l'odeur partirait avec le vent !

Matelote : - Balivernes ! Je ne suis pas sotte c'est bien l'odeur d'un brouet qui effleure mon nez !

Scène 5 : Le Muet – Matelote – Anne Dieulevent – Le Capitaine KNARF – Maîtresse Poule

Le Capitaine réapparait sur le pont en s'étirant.

Capitaine KNARF : - Fichtre cette petite sieste m'a fait grand bien. Je me suis réveillé avec le fumet du repas dans les naseaux. Cette Maîtresse Poule est une véritable sorcière car avec rien elle fait de somptueux festins !

Le muet : - Encore un bûcher !

Capitaine KNARF : Que dis-tu ? Depuis que tu as recouvré la parole, tu nous saoules ! Je vois que la demoiselle est également prête à festoyer ! Matelote appelle-moi donc Maîtresse Poule !

Matelote se dirige vers un coin du pont et crie vers la cambuse où cuisine Maîtresse Poulette.

Matelote : - Maîtresse Poule, notre Capitaine souhaiterait que le repas puisse être servi !

Et on entend répondre Maîtresse Poule.

Maîtresse Poule : - Dis à ce soulard de bourse molle que j'arrive avec la marmite !

Le Capitaine a cru entendre et s'indigne.

Capitaine KNARF : - Quoi ? qu'a-t-elle dit la gueuse ?

Matelote : - Que le lard a la couenne encore trop molle mais que c'est presque prêt !

Capitaine KNARF : - Ah j'avais mal ouï !

Matelote : - Sans doute Capitaine avec la brise qui s'est levée !

Capitaine KNARF : - Mangeons ici…le muet amène quelques chaises et cette table là-bas !

Le muet s'exécute aidé par Matelote. La Capitaine et Anne de Dieulevent s'installent à table. Le muet et Matelote restent debout. Maîtresse poule vient avec sa marmite et une louche.

Capitaine KNARF : - J'ai grand faim… sers-nous Maîtresse Poule !

Maîtresse Poule s'exécute et tous regarde le contenu des assiettes.

Capitaine KNARF : - Qu'est-ce que c'est ?

Maîtresse Poule : - Cela ne se voit pas ?

Capitaine KNARF : - Ben j'ai beau regarder, je ne vois pas !

Maîtresse Poule : - Vous êtes désobligeant !

Capitaine KNARF : - Mais non !

Maîtresse Poule : - Vous tentez une nouvelle fois de m'humilier !

Capitaine KNARF : - Mais non enfin. Je ne suis pas cuistot et je ne sais pas quel est ce met fin !

Maîtresse Poule : - Une mouette accidentée farcie à la sardine océanique accompagnée de ses patates douces et de ses haricots blancs !

Il règle soudainement un silence et personne ne bouge.

Maîtresse Poule : - Bien entendu personne ne dit : ah c'est merveilleux et goutu, nous allons faire bonne chair ! Puisque c'est comme ça je vais dans ma cambuse manger un bout de pain sec et boire un verre de vin légèrement aigre !

Le muet : - Je viens avec !

Elle s'en va suivie par le muet. Le capitaine goûte le plat. Il grimace.

Le Capitaine KNARF : - Ah c'est à peine mangeable. Je ne mangerai que les patates douces !

Anne Dieulevent goûte à son tour et grimace aussi.

Anne Dieulevent : - C'est une mixture qui tient au corps !

Le Capitaine KNARF : - Bon je partage mes patates douces !

Il en donne une à Anne Dieulevent.

Anne Dieulevent : - Merci Capitaine !

Le Capitaine KNARF : - La mouette devait être malade !

Anne Dieulevent : - Les sardines également !

Le Capitaine KNARF : - Jetons cela à la mer… Matelote, goûte si tu veux… !

Matelote : - Merci Capitaine !

Elle goûte avec une cuillère. Pose la cuillère et s'en va jeter le contenu de l'assiette à la mer. Puis elle s'écrie.

Matelote : - Capitaine ! Capitaine !

Le Capitaine KNARF : - Quoi le cachalot a goûté et il en est mort ?

Matelote : - Une barque avec quelqu'un dedans !

Le capitaine KNARF : - A-t-il de quoi manger ?

On entend la voix de Maîtresse Poule.

Maîtresse Poule : - J'entends tout ce que vous dites et, c'est très déplacé !

Scène 6 : Le Muet – Matelote – Anne Dieulevent – Le Capitaine KNARF – Maîtresse Poule – La chirurgienne.

Le Capitaine KNARF s'approche du bord et observant l'embarcation se met à hurler.

Le Capitaine KNARF : - Tout le monde sur le pont ! Tout le monde sur le pont !

Matelote : - Tout le monde sur le pont !

Le muet et Maîtresse Poule arrivent en courant

Le muet : - Tout le monde sur le pont !

Maîtresse Poule : - Que se passe-t-il, j'ai failli rater le dessert !

Le Capitaine KNARF : - Ah au moins il y aura quelque chose à manger !

Matelote : - Je vois un homme dans cette barque !

Le capitaine KNARF : - Allez me chercher le chirurgien de bord !

Tout le monde le regarde avec un grand étonnement.

Matelote : - Quel chirurgien ?

Le capitaine KNARF : - On va dire encore une fois la Chirurgienne… que c'est compliqué quand il n'y a que des femmes à bord !

Le muet : - Pas que des femmes… !

Le capitaine KNARF : - Oh toi le muet, redeviens muet ou alors sois sourd !

Matelote : - Où est-elle ?

Le capitaine KNARF : - Dans la cale… elle parlait trop !

Matelote : - Dans la cale ?

Le muet : - Je n'ai entendu aucun bruit !

Le capitaine KNARF : - Il faudra la réveiller car je pense qu'elle s'est cogné la tête à la porte de ma cabine en sortant !

Matelote : - Je vais la chercher Capitaine !

Anne Dieulevent regarde le capitaine avec un regard de mépris.

Le capitaine KNARF : - Je donne ma parole de Pirate qu'elle s'est réellement cogné la tête… !

Anne Dieulevent : - Elle nous sera assurément très utile !

Le Capitaine KNARF : - Ah bon pourquoi ?

Anne Dieulevent : - Pour soigner s'il le fallait ce pauvre naufragé !

Le capitaine KNARF : - Ah ben oui !

Anne Dieulevent : - Heureuse de votre réaction Capitaine !

Le Capitaine KNARF : - Fichtre, mort il ne vaut plus rien pour les barbaresques !

Anne Dieulevent : - Vous êtes un odieux personnage !

Le capitaine KNARF : - Un véritable pirate !

Il se met à rire.

Maitresse Poule : - La barque est sur notre route et il a l'air de bouger !

Le capitaine KNARF : - En vie il va donc manger… mais en vie, il est vendable…quel dilemme !

Matelote : - Capitaine voici notre chirurgien !

La chirurgienne : - Trois jours ! Cela fait trois jours que je suis dans cette cale et avant j'étais dans un coffre… endormie par je ne sais quoi…je pense une liqueur préparée par un apothicaires !

Le capitaine KNARF : - Comment cela se fait-il que cette information m'ait-été cachée ?

Matelote : - Mais Capitaine… !

Le muet : - Ben oui vous avez dit… !

Le capitaine KNARF : - Silence le muet ! Madame la chirurgienne vos services sont requis car nous allons recueillir un naufragé !

La chirurgienne : - Où est-il ?

Le capitaine KNARF : - Il est en phase d'approche !

On entend un bruit de choc avec le bateau.

Le muet : - Il est là !

Le Capitaine KNARF : - Faites-le monter à mon bord ! Je donne mon autorisation !

Maîtresse Poule, Le muet et Matelote l'aident à monter. Anne de Dieulevent se tient en retrait avec la Chirurgienne, le Capitaine observe de son poste. Un homme est maintenant à bord.

Scène 6 : Le Muet – Matelote – Anne Dieulevent – Le Capitaine KNARF – Maîtresse Poule – La chirurgienne – Le naufragé.

Le capitaine KNARF : - Maîtresse Poule file donc lui faire une soupe ! Matelote va l'aider ! Le muet bavard va donc chercher quelques couvertures ! Madame la Chirurgienne examinez donc ce naufragé sauvé !

Tout le monde s'exécute.

La chirurgienne : - Il est un peu dénutri mais il semble aller bien !

Le Capitaine KNARF : - Comme moi donc !

La Chirurgienne : - Mais il est exténué !

Le Capitaine KNARF : - Nous allons donc le laisser dormir et nous l'interrogerons demain !

La chirurgienne : - Ce pauvre garçon… !

Le capitaine KNARF : - Oui, invendable !

La chirurgienne : - Il doit être de haute lignée … !

Le Capitaine KNARF : - C'est à dire ?

La chirurgienne : - Son médaillon c'est un bijou de noblesse !

Le Capitaine KNARF : - Bon je ne le rejetterai pas à la mer !

La chirurgienne : - Plutôt un gentilhomme… !

Le capitaine KNARF : - Enfin les affaires reprennent !

Le muet et Matelote apportent des couvertures. Maîtresse Poule apporte une soupe réchauffée. Le capitaine s'empare de la soupe et de la cuillère.

Le Capitaine KNARF : - La soupe c'est pour moi, lui mangera demain, laissons-le dormir ! Allez hop tout le monde à sa couchette !

Anne Dieulevent, Maîtresse Poule, Matelote disparaissent à l'intérieur du navire. Le Capitaine donne une arme au muet.

Le muet : - Que dois-je faire avec ça ?

Le Capitaine KNARF : - Tu ne dors pas le muet. Tu surveilles cet étranger. Si tu vois la moindre agression ou…que tu t'es endormi et que tu ressens un coutelas dans ton ventre… tire !

Le muet : - Bien capitaine !

Le muet s'installe pour surveiller. Le naufragé s'endort sur le pont. Le Capitaine retourne à sa cabine avec le bol de soupe.

Lumière – Rideau – Fin acte 2

ACTE 3

Scène 1 : Le Capitaine KNARF – Le gentilhomme – Matelote.

Le Capitaine monte sur le pont et s'étire. Il voit plus loin le gentilhomme qui observe les flots. A la barre il y a matelote.

Le Capitaine KNARF : - Mouette en haut du mât, fiente bientôt sur toi !

Le gentilhomme : - Monsieur… permettez-moi de me présenter … je suis le chevalier de Lisbonne !

Le Capitaine KNARF : - Lisbonne …Lisbonne… en Crête ? en Grèce ? en Asturies ?

Le gentilhomme : - Euh non au Portugal !

Matelote : - La caisse se remplit Capitaine !

Le Capitaine KNARF : - Je crois aussi Matelote…étiez-vous seul avant votre naufrage ?

Le gentilhomme : - Je servais Madame la Marquise de Madras avec loyauté et dévouement !

Matelote : - La caisse est pleine Capitaine !

Le Capitaine KNARF : - J'ai fait le plein mais je me pose la question, vaut-il son poids de tafia ?

Le gentilhomme : - J'ai peu mangé sur cette barcasse !

Matelote : - Le colis baisse en prix !

Le Capitaine KNARF : - Conte ou pas, les comptes sont les comptes et il pourrait nourrir les poissons si toutefois il ne savait bien se tenir à mon bord !

Matelote : - Capitaine ne perdons pas le moindre denier, nous avons quelques réparations sur le bateau !

Le Capitaine KNARF : - Bon, il ne nourrira pas les requins !

Le gentilhomme : - Où va-t-on Capitaine ?

Le Capitaine KNARF : - Là où le vent nous pousse !

Le gentilhomme : - Quel idiot !

Matelote : - Pas gentil le gentilhomme !

Le Capitaine KNARF : - Bon j'en ai ras le bigorneau Matelote lâche la barre et descends-moi ce noble naufragé à fond de cale !

Matelote : - Bien Capitaine !

Matelote sort un pistolet et invite le naufragé à la devancer.

Le Capitaine KNARF : - Suivez le guide et n'oubliez pas la petite piécette en argent !

Le gentilhomme : - Puis-je négocier ?

Matelote : - Que fais-je Capitaine ?

Le Capitaine KNARF : - Négocier quoi ?

Le gentilhomme : - J'aimerai aider sur le pont !

Matelote : - Ah il veut se rendre utile le comte !

Le Capitaine KNARF : - Hum... reste j'ai quelques travaux à te confier !

Matelote se retire doucement...

Le Capitaine KNARF : - La grenouille dans un puit ne sait rien de la haute mer !

Le gentilhomme : - C'est un code secret ?

Le Capitaine KNARF : - Une citation de vieux briscard de la mer !

Le gentilhomme : - Ah !

Le Capitaine KNARF : - Que valez vous jeune homme ?

Le gentilhomme : - A vrai dire, c'est la Marquise qui possède la richesse !

Le Capitaine KNARF : - Matelote ! Matelote !

Matelote arrive en courant avec une arme à la main.

Matelote : - Que se passe-t-il capitaine ?

Le Capitaine KNARF : - Fous moi ça à fond de cale et aux fers !

Matelote : - Tout de suite Capitaine !

Le Gentilhomme : - Mais … ?

Matelote : - Y'a pas de mais, paroles de Capitaine c'est parole d'évangile !

Le Capitaine KNARF : - Bien dit Matelote ! Fais monter la chirurgienne !

Matelote : - Bien Capitaine !

Matelote pousse le gentilhomme et disparait dans l'entrepont.

Scène 2 : Le Capitaine KNARF– Le gentilhomme – Matelote – La chirurgienne – Maîtresse Poule.

Le Capitaine KNARF : - Quand la mer est belle, même le singe est capable d'être capitaine !

On entend une voix, c'est celle de maîtresse Poule.

Maîtresse Poule : - C'est tout à fait cela : un singe !

Le Capitaine KNARF : - Je ne permets pas à Maîtresse Poule de commenter mes propres commentaires !

Maîtresse Poule : - Eh bien parlez moins fort !

Le Capitaine KNARF : - Epluche tes légumineuses et tais toi !

Maîtresse Poule : - A vos ordres Capitaine !

Le Capitaine a l'air heureux que son ordre soit observé par Maîtresse Poule. Il sourit ironiquement.

Maîtresse Poule : - un macaque le singe…ou non un babouin ! J'ai vu ça dans un port … à Tanger je crois… !

La chirurgienne arrive. Elle a l'air un peu endormie ou alcoolisée. Le Capitaine l'observe. Il la contourne. La fixe des yeux. Reste silencieux. Elle-même ne dis rien.

Le Capitaine KNARF : - Chirurgienne êtes-vous dans un état normal ?

Elle met un moment pour répondre.

La Chirurgienne : - Oui on peut dire oui !

Le Capitaine KNARF : - Faites trois pas en avant !

Elle s'exécute mais ils sont en arrière.

La Chirurgienne : - Voilà !

Le Capitaine KNARF : - En avant c'est devant vos yeux et en arrière c'est derrière votre tête !

La Chirurgienne : - Ben en ce moment… !

Le Capitaine KNARF : - Je vois ça… levez votre main gauche !

Elle regarde ses deux mains et lève bien entendu la droite.

La Chirurgienne : - J'ai une chance sur deux de toute façon !

Le Capitaine KNARF : - Sauf que le pauvre gars que vous allez amputer de la jambe gauche n'aura plus la droite pour sautiller. Vous êtes une machine à fabriquer des culs de jatte !

La Chirurgienne : - J'ai des circonstances atténuantes Capitaine !

Le Capitaine KNARF : - J'aimerai bien savoir lesquelles !

La Chirurgienne : - Je teste quelques substances qui pourraient atténuer le mal lorsque je soigne, d'autant plus quand je suis en train d'opérer !

Le Capitaine KNARF : - Tiens bon !

La Chirurgienne : - Lorsque je scie un os, les cris me font me boucher les oreilles !

Le Capitaine KNARF : - Pour scier ce ne doit pas être facile avec les mains sur les oreilles !

La Chirurgienne : - J'assomme donc le client ! Ensuite je re scie !

Le Capitaine KNARF : - Jusque-là c'est toujours comme ça !

La Chirurgienne : - Mais avec un produit qui ferait dormir plus de mal, plus de cris !

Le Capitaine KNARF : - Vous avez trouvé ce produit ?

La Chirurgienne : - Pas encore mais je teste !

Le Capitaine KNARF : - Vous testez quoi ?

La Chirurgienne : - Plein de choses !

Le Capitaine KNARF : - Mais encore ?

La Chirurgienne : - Des décoctions ! Des mélanges d'herbacées ! De la distillation !

Le Capitaine KNARF : - Je n'y connais rien !

La Chirurgienne : - La distillation par exemple d'un vieux rhum mélangé à quelques herbacées venu d'orient !

Le Capitaine KNARF : - Vieux rhum ?

La Chirurgienne : - Oui Capitaine !

Le Capitaine KNARF : - Mais où donc l'a tu eu ?

La Chirurgienne : - J'en ai toujours quelques tonnelets dans ma malle capitaine !

Le Capitaine KNARF : - Pour la chirurgie !

La Chirurgienne : - Oui Capitaine et pour la chirurgienne !

Le Capitaine KNARF : - Belle vie qu'on ces savantes personnes !

La Chirurgienne : - Mais je cherche encore Capitaine car il n'est pas aisé de découvrir le bon dosage et les substances nécessaires !

Le Capitaine KNARF : - Il faut tester beaucoup !

La Chirurgienne : - Oui Capitaine !

Le Capitaine KNARF : - Je testerai dorénavant avec toi !

La Chirurgienne : - Bien Capitaine !

Le Capitaine KNARF : - La trousse médicale du bord ne sert à rien à qui ne sait s'en servir !

La Chirurgienne : - Oui Capitaine !

Le Capitaine KNARF : - Bon que peux-tu me dire sur ce mal qui tenaille quelque peu mes intestins ?

La Chirurgienne : - Vieille mouette !

Le Capitaine KNARF : - Soit polie avec ton Capitaine !

La chirurgienne : - Je ne disais pas vieille mouette pour mon Capitaine mais pour le repas de Maîtresse Poule !

Le Capitaine KNARF : - A-t-elle voulu m'empoisonner ?

La Chirurgienne : - Elle serait moins idiote que cela !

Le capitaine s'énerve.

Le Capitaine KNARF : - Sacré non de non … je veux tout le monde sur le pont ! Branlebas de combat !

Matelote arrive en agitant une clochette.

Le Capitaine KNARF : - ah voici l'équipage… !

Scène 3 : Le Capitaine KNARF–Matelote – La chirurgienne – Maîtresse Poule – Anne Dieulevent – Le muet - Le moussaillon.

Tous s'affairent sur le pont avec des objets parfois étonnants dans les mains.

Matelote : - Tout le monde présent mon Capitaine !

L'équipage est en rang et écoute attentivement le Capitaine.

Le Capitaine KNARF : - Je veux de l'attention et qui ne m'écoute pas sera pendu à la grande vergue !

Il aperçoit un jeune homme jamais vu auparavant.

Le Capitaine KNARF : - Beh qui es-tu toi ?

Le moussaillon : - Le moussaillon capitaine !

Le Capitaine KNARF : - Je ne t'ai jamais vu !

Le moussaillon : - A peine étais-je sur ce navire qu'on m'a dit monte à la hune et n'en descends que si on t'appelle !

Le Capitaine KNARF : - Et ?

Le moussaillon : - Personne ne m'a appelé !

Le Capitaine KNARF : - Tu es là-haut depuis que nous avons pris la mer ?

Le moussaillon : - Fichtre oui Capitaine !

Le Capitaine KNARF : - Et pour manger et boire ?

Le moussaillon : - J'avais de quoi dans mon sac et l'eau de pluie et de temps à autre un œuf de mouette !

Le Capitaine KNARF : - Maîtresse Poule tu donneras un peu de brouet au petit !

Maîtresse Poule : - Il va se régaler !

Le Capitaine KNARF : - C'est moins sûr ! ...C'est tout de même incroyable : un muet pas muet qui se met à parler et un moussaillon fantomatique à qui je n'ai rien demandé puisque j'avais oublié sa présence.... Notre vaisseau vogue sur les flots vers une ile qui sans aucun doute renferme quelques secrets... j'ai dans ma cabine une carte qui explique où un trésor a été caché !... Le butin sera partagé en parts égales ! Je vous préviens de suite il ne s'agit ni d'or, ni de pierres précieuses ni même d'un trésor à l'instar des grands pirates que furent Eustache le Moine, Jean Fleury ou encore François le Clerc dit jambe de bois !

Le muet : - Ben de quoi s'agit-il ?

Le Capitaine KNARF : - Quoi ? Ah oui tu parles...je ne m'y ferai jamais ! Anne Dieulevent, réponds-lui !

Anne Dieulevent : - Mon père qui était explorateur a trouvé cette ile quand son bateau a fait naufrage !

Le Capitaine KNARF : - Continues Donzelle !

Anne Dieulevent : - Sur cette ile il a découvert une plante avec des fruits comestibles et très nutritifs. Il a également découvert une race de poule grosse grande et grasse qui couve jusqu'à quinze poussins !

Maîtresse Poule : - Cela nous changerait de l'ordinaire !

Le muet : - Comme ma mère !

Le Capitaine KNARF : - Qu'est-ce qu'elle a ta mère ?

Le muet : - Elle a élevé quinze enfants !

Le Capitaine KNARF : - Je regrette qu'il ne soit pas réellement muet !

Matelote : - Capitaine le muet qui n'est pas muet est mon petit ami !

Un silence s'instaure. Le Capitaine regarde le couple. Les autres ne bronchent pas.

Le Capitaine KNARF : - Je ne veux pas qu'un moussaillon supplémentaire soit conçu à bord de mon navire !

Matelote : - Bien Capitaine !

Le Capitaine KNARF : - J'ai l'impression de ne plus rien contrôlé !

Maîtresse Poule : - Bon j'ai du travail moi, je peux retourner à ma cambuse ?

Le Capitaine : - Mais nous avons le temps !

Maîtresse Poule : L'homme a su inventer le sablier mais il n'a pas inventé le temps et si dans la marine on ne fait pas grand-chose ben en tous les cas on le fait de bonne heure !

Elle s'en va vers sa cambuse.

Matelote : - Le muet et moi-même rangions la cale et le matériel de pêche et de réparation de voilure, pouvons-nous y retourner ?

Le muet : - En parts égales ? On va avoir des poules et des plantes ?

Le Capitaine dépité fait un signe de la main précisant qu'ils y aillent. Anne Dieulevent s'en va vers l'avant du bateau. Reste le jeune moussaillon.

Capitaine KNARF : - Que veux-tu toi ?

Le Moussaillon : - Comment faites-vous pour savoir où le bateau va ?

Capitaine KNARF : - Quelle question… le jour je m'oriente grâce au soleil car il se lève à l'Est et se couche à l'ouest… ensuite je note la direction du voyage… !

Le Moussaillon : - Ah ben la nuit comment vous faites ?

Capitaine KNARF : - Je comprends pourquoi je n'ai jamais voulu élever mes enfants !

Le Moussaillon : - Alors ?

Capitaine KNARF : - L'étoile polaire ? La grande ourse ? Cassiopée ? Tu sais ce que c'est ?

Le Moussaillon : - Non !

Capitaine KNARF : - Des étoiles qui brillent dans la nuit !

Le Moussaillon : - On en fait quoi ?

Capitaine KNARF : - On se dirige en fonction de leur position dans le ciel !

Le Moussaillon : - Ah bon … !

Il s'en va. Le Capitaine est étonné.

Capitaine KNARF : - C'est tout ?

Le Moussaillon : - Pour aujourd'hui oui !

Capitaine KNARF : - Ben v'là mieux morveux de moussaillon qu'une sardine ferait tomber à la mer !

Le Moussaillon : - Je remonte Capitaine ?

Capitaine KNARF : - Fiche moi le camp là-haut que je ne te vois plus mais ne dort pas !

Le Moussaillon : - Bien Capitaine !

Capitaine KNARF : - Pour les plantes ça ira mais les poules en plus de cet équipage, je vais passer de mauvais moment !

Le Moussaillon : - Je suis en haut Capitaine !

Capitaine KNARF : - Observe l'horizon Morveux de Moussaillon !

Le Moussaillon : - Bien Papa !

Capitaine KNARF : - Arrête de blaguer avec cela ou je te descends moi-même d'un coup de mousquet !

Il se calme un peu puis se met à réfléchir…

Capitaine KNARF : - Moussaillon c'est qui ta mère ?

Le moussaillon : - Je guette l'horizon mon Capitaine !

Capitaine KNARF : - Mon mousquet ! Je veux mon mousquet !

Scène 4 : Le Capitaine KNARF - Anne Dieulevent – Le Moussaillon

Anne Dieulevent revient vers le Capitaine.

Anne Dieulevent : - Vous n'avez pas donné le motif de notre aventure… !

Capitaine KNARF : - Non !

Anne Dieulevent : - Par humilité ?

Capitaine KNARF : - Non parce que je ne veux pas dire que … !

Anne Dieulevent : - Qu'un vieux pirate veut sauver des gens d'une mort certaine ?

Capitaine KNARF : - Oui enfin non … !

Anne Dieulevent : - Qu'une ile est peuplée d'hommes de femmes et d'enfants qui n'ont plus grand-chose à boire et encore moins à manger !

Capitaine KNARF : - Ils meurent de faim !

Anne Dieulevent : - Et vous Capitaine héroïque vous cherchez à sauver leur existence alors qu'ils n'ont ni bien ni argent !

Capitaine KNARF : - Je ne suis pas héroïque !

Anne Dieulevent : - Vous-même sans argent vous avez réussi à monter cette expédition pour leur venir en aide !

Capitaine KNARF : - Votre père m'a mis sur la voie !

Anne Dieulevent : - Il vous a sauvé d'une pendaison assurée !

Capitaine KNARF : - Oui tout juste avant que le bourreau n'accomplisse sa besogne. Il m'a aussi fait comprendre que la piraterie ... !

Anne Dieulevent : - N'était pas un avenir certain ?

Capitaine KNARF : - Qu'en piraterie on ne vivait pas vieux et en bonne santé !

Anne Dieulevent : - Vous saviez qu'il ne s'agissait pas d'un véritable trésor !

Capitaine KNARF : - Bon ça suffit ! Je suis pire que barbe rouge et plus féroce que Morgan alors fichez moi la paix sinon je vous jette aux requins !

Anne Dieulevent : - Comme vous allez vendre ce malheureux naufragé qui est à fond de cale dans la pénombre, l'humidité et le froid ?

Capitaine KNARF : - Je ne sais pas encore, j'aurai peut-être besoin de lui !

Anne Dieulevent : - Pour vous enrichir ?

Capitaine KNARF : - Non je l'éprouverai à attraper ces poules géantes et à déterrer ces fruits de terre qui semblent si bons et comestibles !

Anne Dieulevent : - Donc vous ne le vendez plus dans un port mauresque ?

Capitaine KNARF : - Je verrai bien quand les poules seront à bord !

Anne Dieulevent : - Mon père a eu raison de vous faire confiance !

Capitaine KNARF : - En me confiant sa fille ?

Anne Dieulevent : - Oui en me confiant à vous !

Capitaine KNARF : - Une sacrée gamine avec de la suite dans les idées !

Anne Dieulevent : - Toujours cap Sud Est Capitaine ?

Capitaine KNARF : - Toujours !

Anne Dieulevent : - La vigie ne se serait -elle pas endormie ?

Le Capitaine crie à la vigie et le moussaillon répond.

Capitaine KNARF : - Rien en vue la vigie ?

Le Moussaillon : - A part vous et la jolie dame non !

Capitaine KNARF : - Je parlais de la mer… bougre de morveux !

Le Moussaillon : - Bah seulement une ile mais elle n'a pas l'air bien grande !

Capitaine KNARF : - Bougre de bougre et tu ne le disais pas !

Le Moussaillon : - Je ne voulais pas interrompre votre conversation et c'était si intéressant !

Capitaine KNARF : - Matelote apporte moi vite mon mousquet !

Matelote arrive avec le mousquet.

Matelote : - Capitaine, vous n'allez tout de même pas prendre pour cible ce freluquet ?

Capitaine KNARF : - On ne se moque pas impunément de son Capitaine !

Matelote : - Mais Capitaine ?

Capitaine KNARF : - Ne t'inquiète donc pas Donzelle, ce mousquet n'est chargé que de poudre. Il fait seulement du bruit !

Matelote : - Je préfère ça !

Le Moussaillon : - Moi aussi !

Capitaine KNARF : - quand je pense que j'étais pire à son âge ! ...qu'est-ce que ce bruit ?

On entend du bruit et quelqu'un parler assez fort.

Matelote : - Je vais voir Capitaine ?

Capitaine KNARF : - J'allais te l'ordonner !

Matelote va voir l'origine du bruit et revient avec le gentilhomme complètement ivre.

Scène 5 : Le Capitaine KNARF - Anne Dieulevent – Le Moussaillon – Le gentilhomme – Matelote – Le muet – Maîtresse Poule.

Le gentilhomme s'approche du Capitaine.

Le Gentilhomme : - Ah ce cher Capitaine… J'ai fait la liste…. Elle est là….

Il montre une sorte de parchemin sur lequel il se met à lire les mots.

Le Gentilhomme : - Notre navire sur lequel nous sommes est un sloop…un sloop…oui un sloop avec un mât et un foc… un petit sloop… oh il est beau ton sloop… capitaine Knarf… capitaine du sloop le plus beau du monde civilisé… pirate un jour pirate toujours…dans la cale de ce sloop …il y a exactement …Cinq barriques d'eau … beurk… un tonnelet de rhum bien entamé… plus que bien entamé… le rhum est fort…

Il se met à chanter.

Les pirates attaquent

Oh hisse et une bouteille de rhum

Le fortin contre-attaque

Oh hisse et une bouteille de rhum

- Ah oui… par tous les saints d'Espagne et d'Italie, ce rhum est comme ces filles à la peau bronzée…

Sur la route de la richesse

Oh hisse et une bouteille de rhum

Ils partent à toute vitesse

Oh hisse et une bouteille de rhum

Sur le chemin ils trouvent un squelette

Oh hisse et une bouteille de rhum

Et entendent une voix qui les inquiète

Oh hisse et une bouteille de rhum…

- Je disais donc de l'eau, un peu de rhum, des haricots …cinq sacs de haricots…cinq…on ne va manger que des haricots sur ce sloop…c'est le sloop des haricots…

Capitaine KNARF : - Il est dans un bel état le gentilhomme !

Le gentilhomme : - La Marquise avait dans son palais une bien jolie cave bien remplie avec de l'élixir de longue vie … !

Capitaine KNARF : - Allons jeune homme posez-moi donc cette liste … !

Le gentilhomme : - Que nenni ! je veux continuer à vous aider… !

Capitaine KNARF : - Ce n'est pas m'aider à vider mes tonnelets de bon vieux rhum !

Le gentilhomme : - J'ai tout noté : pour déguster, vous allez devoir faire appel à 4 de vos sens : L'odorat, la vue, le goût et le toucher. Pour ce qui est du toucher C'est la sensation que vous allez ressentir en bouche ou au nez. C'est important pour évaluer la texture et la température du rhum. Lorsqu'on cite le gout : le sucré, le salé, l'amer et l'acide. Ah Ah Ah quelle est donc le goût de ce breuvage ? La vue sera requise aussi pour déterminer la limpidité, la brillance, l'intensité d'un bon rhum, mais vous sa corpulence et sa richesse : Vous savez ces gouttes qui semblent coller sur le verre. Et pour finir, un bon rhum va de suite attirer l'attention par l'odorat. C'est notre sens le plus développé et le plus précis. Votre nez va savoir reconnaitre les saveurs. C'est lui en premier qui saura vous dire si vous avez au bord des lèvres une merveille ou une piquette. Et là c'est une merveille… merveilleux… mirabilia …admirable… !

Capitaine KNARF : - Silence ! Que connais-tu, toi le gentilhomme destructeur d'un breuvage miraculeux, de l'arrachage de fruits de terre et de l'attrapage de poule géante ?

Le gentilhomme : - Je me demande bien qui des deux a bu ?

Le capitaine s'énerve et hurle.

Capitaine KNARF : - Arrivez et mettez-moi ce coquin en cale avant que je le passe par le bord pour nourrir les poissons et crustacés … sur une plage abandonnée… !

Le muet arrive avec Matelote, la chirurgienne et Maîtresse Poule armées.

Maîtresse Poule : - Sacré nom d'un moine défroqué : que le gentilhomme se méfie de mon pilon de pierre !

Le muet : - C'est une mutinerie ?

Capitaine KNARF : - Il ne peut pas être mutin puisqu'il n'est pas de l'équipage !

Le muet : - Exact !

Capitaine KNARF : - Mais tu parles ? Ah oui c'est vrai il parle… ! Pourquoi donc n'es-tu pas resté muet ?

Matelote : - Je vous donne raison Capitaine parce que parfois il est meilleur silencieux que beau parleur !

Maîtresse Poule : - Bon moi je fais quoi je l'assomme ?

Le muet : - Non on va le mettre dans la cale !

Capitaine KNARF : - Pas là où il y a le rhum… s'il en reste !

Matelote : - On va le mettre de l'autre côté !

Maîtresse Poule : - Du côté des jambons : jamais !

Capitaine KNARF : - Des jambons ?

Maîtresse Poule : - Je voulais vous en faire la surprise !

Capitaine KNARF : - Mettez-le à la place des jambons et les jambons seront mis dans ma cabine !

Matelote : - Bien Capitaine !

La chirurgienne : - Je ne le soigne pas moi ?

Capitaine KNARF : - Le soigner de quoi ?

La chirurgienne : - Il n'est pas blessé ?

Capitaine KNARF : - Bon la chirurgienne il va falloir que tu cesses tes expériences sur toi-même… tu ne sembles plus consciente de ton domaine d'intervention !

La chirurgienne : - Beuh si… Je peux lui couper la jambe droite et il dansera sur la gauche !

Capitaine KNARF : - Pourquoi donc veux-tu lui couper une jambe ?

La chirurgienne : - Pourquoi ? Elle n'est pas abîmée ?

Capitaine KNARF : - Elle n'a rien du tout sa jambe droite !

La chirurgienne : - Bon alors ce sera la gauche !

Capitaine KNARF : - La gauche va bien aussi !

La chirurgienne : - Comme il n'a pas été obéissant je peux le castrer !

Capitaine KNARF : - Le quoi ?

La chirurgienne : - Lui couper les testicules !

Le gentilhomme se met à crier.

Le gentilhomme : - Capitaine non, je serai gentil et je serai sage dans la cale !

Capitaine KNARF : - Dégagez moi ce poltron !

Le capitaine s'adresse à Matelote, au muet et à Maitresse Poule. Ils s'exécutent et disparaissent dans le bateau. Le capitaine semble satisfait.

Capitaine KNARF : - Chirurgienne, tu es une habile femme. Avant même de torturer tu obtiens un résultat. Va donc te reposer car tu le mérites. Si tu veux tu pourras également couper une tranche de jambon dans ma cabine… une petite tranche !

La chirurgienne : - Merci Capitaine !

Elle disparait à son tour.

Capitaine KNARF : - Fichtre que c'est compliqué de diriger un vaisseau sur les flots ! Capitaine à la barre les yeux posés sur l'horizon… c'est mon heure, c'est mon quart, c'est mon aventure… je n'aurai pas dû proposer de jambon…je commence déjà à regretter ma générosité. Demain à l'aube nous serons à destination. A moins que sur notre route nous croisions un anglais chargé à ras bord de coton, de tabac et d'épices… Alors là foi de pirate, à l'abordage et sus aux anglais ! Je leur donnerai des coups de sabre et mon pistolet tonnera tel le canon… et…et…et…et ?... Une bouteille de rhum !

Lumière – Rideau – Fin acte 3

ACTE 4

Scène 1 : Le Capitaine KNARF– Matelote – Maîtresse Poule.

Le capitaine dort à la barre. Matelote s'approche mais n'ose pas le réveiller. Maîtresse Poule arrive et hurle. Le Capitaine sursaute et crie.

Maîtresse Poule : - A quinze ans j'étais gente fille, Je refusai les amants, Je faisais la difficile, Mes cheveux blonds ils grisonnent, Ça me fait bien enrager… !

Capitaine KNARF : - Morbleu on a heurté le cachalot !

Matelote : - Non Capitaine c'est Maîtresse Poule qui chantonnait !

Capitaine KNARF : - Heureux que je n'ai sur moi mon mousquet car j'aurai pu l'occire en défendant le navire !

Maîtresse Poule : - Vous ne vous êtes pas remis !

Capitaine KNARF : - Bon sang de bon soir quand donc verra-t-on pointer cette ile à l'horizon ?

Matelote : - Quelle ile Capitaine ?

Capitaine KNARF : - Morbleu ribaude l'ile aux poules géantes et aux fruits de terre !

Maîtresse Poule : - La tête a pris un bon coup !

Capitaine KNARF : - Qu'est-ce qu'elle raconte celle-là ?

Matelote : - Rien Capitaine !

Maîtresse Poule : - Comment rien mais dites-lui la vérité sinon il va nous faire faire le tour du monde connu puis inconnu sans s'en rendre compte !

Capitaine KNARF : - Me dire quoi ? Que doit-on me dire ? Je veux savoir ! Je suis le maître de ce navire et on me cache des choses ! Je veux savoir ! Obéis donc Matelote !

Matelote : - On en vient de l'ile Capitaine !

Maîtresse Poule : - Et on a pris ce que nous devions prendre !

Capitaine KNARF : - De quoi me parlez-vous ? quelle est cette mascarade ? Comment viendrait-on d'une ile, que je n'ai pas de mes yeux, vue ? Pourquoi donc n'ai-je pas ce souvenir ?

Matelote : - A cause du choc avec le muet !

Maîtresse Poule : - Le muet a eu si mal qu'il a crié !

Capitaine KNARF : - Ne me prenez pas pour un âne ! Le muet a crié parce qu'il n'est pas muet !

Matelote : - Ah au moins ça vous vous en souvenez !

Capitaine KNARF : - Que s'est-il passé ? Quel choc ?

Matelote : - Vous aviez ordonné au gentilhomme de courir après les poules géantes. Ce qu'il a fait mais à votre goût il n'était pas performant pour les attraper et vous y êtes allé !

Maîtresse Poule : - En même temps que le muet !

Capitaine KNARF : - Je ne me souviens plus du tout de cette scène. Est-ce une mauvaise blague ?

Matelote : - Non Capitaine ! Vous couriez tous les deux vers la même poule et vous vous êtes heurté les têtes si fortement que nous pensions les voir ouvertes comme deux noix de coco !

Maîtresse Poule : - Bizarrement personne n'est mort !

Capitaine KNARF : - Elle a l'air de dire cela avec regret… ? où est le muet ? Je veux le voir !

Maîtresse poule : - Je vais prévenir la chirurgienne !

Matelote : - Je vais avec elle Capitaine !

Capitaine KNARF : - Je me vois aller vers l'ile et entendre ce foutu moussaillon de vigie hurler « terre ! terre ! » … Il a tellement répété ces hurlements que j'ai failli lui tirer dessus avec mon mousquet…non je lui ai tiré dessus avec mon mousquet…mais le l'ai raté… enfin je crois…. Mais sacrebleu je ne me vois pas sur l'ile, ni la quitter ensuite !

Scène 2 : Le Capitaine KNARF– La chirurgienne – le muet – Maîtresse Poule.

La chirurgienne arrive en soutenant le muet qui a un bandeau ensanglanté autour de la tête. Le Capitaine le regarde avec étonnement puis s'adresse çà la chirurgienne.

Le Capitaine KNARF : - Ah le voilà celui qui a osé m'agresser dans une opération vouée à sauver son prochain !

La Chirurgienne : - Ah vous allez mieux que le muet !

Le muet : - Gnnnnnnnnn !

Le Capitaine KNARF : - Serait-il redevenu muet ?

La Chirurgienne : - Non je ne pense pas mais on ne saura cela qu'avec le temps car pour le moment il reste choqué ! Et vous Capitaine quelles sont vos sensations ?

Le Capitaine KNARF : - Je ne me souviens plus de cette ile !

La Chirurgienne : - Il vous faudra sans doute du temps pour recouvrer la mémoire !

Le muet : - Gnnnnnnnnn

Le Capitaine KNARF : - C'est étrange mais je le retrouve comme avant !

La Chirurgienne : - Son crâne est moins solide que le vôtre !

Le Capitaine KNARF : - Mais bon sang quel est ce bruit suspect sur mon navire ?

La Chirurgienne : - C'est la cale Capitaine !

Le Capitaine KNARF : - Il y a une voie d'eau ? Vite il faut de l'étoupe et du chiffon … !

La Chirurgienne : - Mais non Capitaine, ce sont vos poules géantes qui n'ont pas l'habitude de prendre le bateau donc elles sont un peu affolées !

Le Capitaine KNARF : - Ah donc ma mission est à demie réalisée !

La Chirurgienne : - Oui Capitaine et nous avons toutes et tous contribués à ramasser des fruits de terre dans le sol... Nous en avons rempli de nombreux sacs... par contre la réserve de blé sert à nourrir les poules géantes... !

Le Capitaine KNARF : - Combien y en a-t-il ?

Le muet : - Cent cinquante-deux !

Le Capitaine KNARF : - Combien ?

Le muet : - Cent cinquante-deux !

Le Capitaine KNARF : - Dit-il vrai ?

La Chirurgienne : - Oui Capitaine le nombre est juste !

Le Capitaine KNARF : - Fichtre et personne n'a demandé à Maîtresse Poule d'en cuisiner une ?

On entend la voix de Maîtresse Poule s'élever.

Maîtresse Poule : - Bien sûr que non Capitaine mais comme vous le savez je n'en fais qu'à ma tête...et comme la vôtre n'allait pas bien... j'ai tordu le cou à deux vieilles poules géantes et j'en fais une pleine marmite avec quelques-uns de ces fruits de terre et quelques petites choses que j'ai ramassé sur L'ile... !

La Chirurgienne : - J'ai dû lui retirer quelques champignons sans aucun doute nocifs !

Le muet : - Moi j'en ai mangé un tout cru !

Le Capitaine KNARF : - Donc tout va bien ?

La Chirurgienne : - Oui Capitaine !

Le muet : - Tout va bien ! Tout va bien !

Le Capitaine KNARF : - Ramenez donc ce muet se reposer !

La Chirurgienne : - Bien Capitaine !

Le muet : - Je vais très bien !

Le Capitaine KNARF : - Oui je vois ça le muet, je ne suis pas sourd !

La Chirurgienne : - Tant mieux !

Le muet : - Ah oui je vais bien !

Le Capitaine KNARF : - Allez fichez moi le camp !

Scène 3 : Le Capitaine KNARF – Matelote – Maîtresse Poule.

Le Capitaine KNARF reste pensif à la barre. Il regarde le ciel. Il semble songeur.

Le Capitaine KNARF : - Le ciel est clair et il ne semble pas y avoir le moindre grain à l'horizon… Le vent est juste comme il faut, à gonfler les voiles pour que le bateau vogue sur les flots… et… je ne sais même pas si j'ai pris le bon cap avec cette caboche qui m'a fait oublier une partie de l'aventure… !

Matelote arrive sans faire de bruit.

Matelote : - C'est bon Capitaine… j'ai vérifié ... le cap est bon !

Le Capitaine KNARF : - Sacrée bougresse tu ferais un bon second !

Matelote : - Je le suis un peu déjà Capitaine !

Le Capitaine KNARF : - Ne réponds pas sans ma permission malapprise… bon…il est vrai que tu me secondes de fort belle manière… mais malheureusement jamais on a vu femme capitaine car les usages sont comme ça !

Matelote : - Sauf qu'en piraterie il n'y a pas trop d'usage Capitaine !

Le Capitaine KNARF : - Les deux fameuses pirates Anne Bonny et Mary Read s'habillaient et se comportaient en hommes lorsqu'elles naviguaient sous le commandement du capitaine Jack Rackham…. Le terrible Calico jack !

Matelote : - Je peux me vêtir et me travestir en homme … !

Le capitaine KNARF : - Fichtre non quelle erreur ce serait… je me suis habitué à avoir des femmes à mon bord et leur féminité n'est pas pour me contrarier !

On entend la voix de Maîtresse Poule s'élever à nouveau.

Maîtresse Poule : - Ben tiens ! Evidemment !

Le Capitaine KNARF : - Tais-toi renégate où je viens te couper les oreilles !

Maîtresse Poule : - Il n'est pas né celui qui oserait faire ça !

Le Capitaine KNARF : - Tais toi donc et soit obéissante à ton Capitaine !

Maîtresse Poule : -… Et s'il était né, il trépasserait sur le champ !

Le Capitaine fait une mine dépitée.

Le Capitaine KNARF : - Prends la barre Matelote !

Il se dirige vers la cale en écoutant les bruits.

Le Capitaine KNARF : - Mais qu'entends-je ? Ce ne sont pas les poules qui crient ainsi ?

Matelote : - C'est Le gentilhomme !

La Capitaine KNARF : - Beh non ce n'est pas la voix d'un homme !

Matelote : - Ah non là c'est Anne Dieulevent !

Le Capitaine KNARF : - Mais que se passe-t-il ?

Matelote : - Rassurez-vous ce ne sont ni les poules qui les picorent ni la chirurgienne qui les agresse !

Le Capitaine KNARF : - Dois-je comprendre que… ?

On entend la voix de Maîtresse poule une fois encore.

Maîtresse Poule : - Eh oui mon bon Capitaine lorsqu'il y a des hommes et des femmes, parfois il y a des rapprochements…et parfois les rapprochements sont encore plus proches… un beau joli couple … ils sont mignons tous les deux !

Le Capitaine KNARF semble contrarié. Il marche de long en large. Il grommelle. Il sort son pistolet puis le remet dans sa ceinture. Il regarde Matelote, prêt à lui faire une réflexion mais ne dit rien.

Le Capitaine KNARF : - Il y a longtemps que cela dure ?

Matelote : - Quelques semaines !

Le Capitaine KNARF : - Semaines et je n'ai rien vu ?

Matelote : - Peut-être avez-vous vu mais comme votre mémoire n'était pas disposée à retenir les choses !

Le Capitaine KNARF : - Mais que s'est-il donc encore passé durant cette période d'inconscience ?

Matelote : - Plein de choses !

Le Capitaine KNARF : - Lesquelles dis-moi tout !

Matelote : - La chirurgienne, à force de tester sur elle ses décoctions et mélanges, a enfin réussi à trouver ce qu'elle appelle un endormeur... qui provoque l'endormissement des blessés lors d'une amputation par exemple... !

Le Capitaine KNARF : - L'a-t-elle testé sur moi ?

Matelote : - Non Capitaine !

Le Capitaine KNARF : - Cette femme de sciences m'inquiète parfois mais je l'ai à l'œil ! Quoi d'autre ?

Matelote : - En repartant de l'ile nous avons essuyé une tempête si forte que notre voile a été déchiré sur sa longueur... nous l'avons rabattue puis Anne Dieulevent, la chirurgienne, Maîtresse Poule et moi-même l'avons raccommodée ... du bien beau travail... !

Le capitaine KNARF : - Anne a mis la main à la pâte ? Brave fille qui me rappelle fortement son père ! Bon, Matelote va te reposer je vais barrer cette barquasse ... je pense que Maîtresse Poule sera fort aise de me préparer un « Elqahwah » !

Maîtresse Poule s'exprime...

Maîtresse Poule : - « Elqahwah » cette chose que l'on a découverte chez les marchands vénitiens, qu'on met dans l'eau chaude et qui donne un breuvage noirâtre ?

Le Capitaine KNARF : - Tout à fait…parfois on peut aussi rajouter un peu de rhum !

Maîtresse Poule : - Moi j'appelle ça la boisson excitante et tonifiante !

Le Capitaine KNARF : - Eh bien fais-en un pour toi !

Maîtresse Poule : - ça veut dire quoi cette allusion perfide ? Je n'en ai pas besoin moi… je suis tonique et dynamique naturellement… !

Scène 3 : Le Capitaine KNARF – Anne Dieulevent – Maîtresse Poule.

Anne Dieulevent monte sur le pont et se dirige nonchalamment vers le capitaine. Le Capitaine la remarque.

Le Capitaine KNARF : - Ah te voilà toi… !

Anne Dieulevent : - Oui j'étais occupée !

Le Capitaine KNARF : - Je sais de quelle occupation il s'agit !

Anne Dieulevent et le Capitaine marque un silence.

Anne Dieulevent : - Nous arrivons presque au bout de notre aventure !

Le Capitaine KNARF : - Oui et j'en ai loupé la moitié !

Anne Dieulevent : - Mon père m'a dit que vous étiez un homme de parole !

Le Capitaine KNARF : - Possible… !

Anne Dieulevent : - Je l'ai constaté !

Le Capitaine KNARF : - Et bien ton père ne s'est donc pas trompé sur mon compte !

Anne Dieulevent : - Vous allez être élevé au rang de bienfaiteur pour toutes ces familles qui n'avaient plus de ressources !

Le Capitaine KNARF : - Non je reste un Pirate !

Anne Dieulevent : - Oui, un pirate mais, un pirate avec un gros cœur !

Le Capitaine KNARF : - Je suis méchant, féroce, cruel… !

Anne de Dieulevent sourit puis se reprend.

Anne Dieulevent : - Bien Capitaine, quels sont vos ordres ?

Le Capitaine KNARF : - Va donc nourrir ces poules avant qu'elles ne meurent de faim et donnez-leur aussi de l'eau douce de nos tonneaux… nous on se rationnera !

Anne Dieulevent : - Bien Capitaine et pour Maximilien ?

Le Capitaine KNARF : - Qui c'est celui-là ?

Anne Dieulevent : - Le gentilhomme que l'on a repêché !

Le Capitaine KNARF : - Celui qui semble avoir le souffle court ?

Anne Dieulevent : - Euh oui je crois bien que c'est de lui que l'on parle !

Le Capitaine KNARF : - Il subira le supplice de la planche à bascule !

Anne Dieulevent : - Comment ? Mais je… !

Le Capitaine KNARF : - Qu'il prépare la cargaison pour pouvoir aisément la débarquer sur la plage !

Anne Dieulevent : - Ah je préfère ça !

Le Capitaine KNARF : - Et si son travail n'est pas suffisant il nourrira les requins !

Anne Dieulevent : - Ils auront de quoi manger !

On entend la voix de Maîtresse Poule.

Maîtresse Poule : - Un bon appât pour la pêche !

Scène 4 : Le Capitaine KNARF – Anne Dieulevent – Maîtresse Poule – Matelote – Le gentilhomme – La chirurgienne – le moussaillon – Le muet.

Le Capitaine s'agite soudainement et prend d'une main ferme la clochette qu'il secoue en tous sens. Anne de Dieulevent le regarde étonnée.

Le Capitaine KNARF : - Tout le monde sur le pont ! Tout le monde sur le pont !

Maîtresse Poule : - C'est l'heure de la chorale ?

Le Capitaine KNARF : - Trêve de balivernes il ne s'agit pas de chorale !

Le muet : - Tout le monde sur le pont !

Le Capitaine KNARF : - Tais-toi le muet je suis assez de moi-même pour diriger ce navire et crier à tue-tête si cela me chante !

Matelote : - Il a voulu bien faire Capitaine !

Le Capitaine KNARF : - Si le muet ne se tait pas je lui fais couper la langue par Maîtresse Poule qui me la servira au souper !

Le muet prend peur et se cache quasiment derrière Matelote.

La chirurgienne : - Capitaine, j'ai là un élixir ... qui semble des plus...prometteur !

Le Capitaine arrache la fiole des mains de la chirurgienne. Il boit.

Le Capitaine KNARF : - Forbleu chirurgienne de Satan ! Tu as créé là le breuvage le meilleur que j'ai connu dans ma vie ! Il arrache les dents, le gosier et les tripes... demain tu m'en fabriqueras un tonnelet !

Il voit le moussaillon passer à côté de lui. Il sursaute.

Le Capitaine KNARF : - Quel est donc ce marmot qui traine sur mon pont ?

Le moussaillon : - La vigie Capitaine !

Le Capitaine KNARF : - Une vigie...ah oui...j'avais oublié ! Prends place avec les autres !

Le gentilhomme : - Moi aussi Capitaine ?

Le Capitaine KNARF : - Pour toi l'étranger, j'avais réservé un mauvais sort mais puisque tu t'es amouraché de ma protégée Anne Dieulevent, je vais t'épargner. Tu nettoieras le pont jusqu'à notre arrivée !

Maîtresse Poule : - Et moi que fais-je ? je redescends dans ma cuisine ?

Le Capitaine KNARF : - Tu restes là !

Maîtresse Poule : - J'ai deux poules géantes qui mijotent !

Le Capitaine KNARF : - Elles mijoteront une heure de plus !

Matelote : - Que fais-je Capitaine ?

Le Capitaine KNARF : - Fais les mettre en rang !

Matelote : - En rang ?

Le Capitaine KNARF : - Oui sur un rang que je les vois toutes et tous !

Matelote s'exécute. Elle place les différents personnages sur une rangée. Elle se place ensuite au bout de la rangée.

Matelote : - Capitaine nous sommes tous en rang !

Le Capitaine KNARF : - Bien matelote mais tu n'es pas à ta place !

Matelote sans mot dire se dirige à l'autre bout de la rangée.

Le Capitaine KNARF : - Ta place n'est pas là non plus !

Matelote est ennuyée car elle ne sait plus où se mettre. Anne Dieulevent qui observait la scène sans y participer va chercher Matelote et la place près du Capitaine puis prend la place de Matelote dans la rangée.

Le Capitaine KNARF : - Voilà ! J'ai quelque chose à vous dire ! Un Capitaine se doit de parler à son équipage et je me fais fort de vous exprimer ce que j'ai …hum…sur le cœur… ! Cette expédition était bien mal partie puisque j'ai dû embarquer des femmes à mon bord et sans m'en rendre compte un muet qui parle et un moussaillon inconnu. Notre mission était ardue et il me fallait vite lever l'ancre pour sauver toute une populace affamée et meurtrie. Durant cette aventure je me suis vite aperçu que les femmes étaient aussi aptes à naviguer que les hommes… Que la maîtresse Poule eût souvent plus d'imagination qu'un maître coq… que la chirurgienne était une femme de science et qu'elle vouait son existence à découvrir des remèdes et des potions évitant la douleur… et, je me suis aussi rendu compte que mon second était une seconde et qu'elle me secondait de fort belle manière… que t'arrive-t-il Maîtresse Poule ?

Il remarque Maîtresse Poule qui s'essuie les yeux en baissant la tête et l'apostrophe.

Maîtresse Poule : - Que m'arrive-t-il ? Que m'arrive-t-il ? Vous le voyez bien ce qu'il m'arrive…vos paroles me font mal aux yeux et ils coulent tous seuls !

Le Capitaine KNARF : - Tant que ce n'est pas ce navire qui coule tout va bien ! Il me faut donc avouer ma grande satisfaction à avoir navigué avec vous tous… oui… même avec le muet bavard… le moussaillon rebelle … et, le gentilhomme séducteur… !

Le gentilhomme : - Merci Capitaine !

Le Capitaine KNARF : - Mais qui s'il ne se tient pas bien pourrait tout de même nager avec les dauphins autour du bateau … et si je vois un sourire sur vos lèvres je vous mets de corvée toutes et tous jusqu'à notre arrivée !

Anne Dieulevent : - Dans deux ou trois heures… !

Le Capitaine KNARF : - Cette précision n'était pas nécessaire !

Anne Dieulevent : - Excusez-moi Capitaine … !

Le Capitaine KNARF : - Bon… un Capitaine qui reconnait le mérite doit le faire connaître … aussi par mon bon droit et par ma volonté… je souhaite élever officiellement au grade de second : Matelote. Elle pourra à l'avenir en apprenant encore car on apprend toujours… devenir elle-même Capitaine car je vois en elle cette aptitude. Ce sera d'ailleurs plus pratique pour moi car de cette façon je pourrai faire ma sieste plus aisément… !

Le muet : - Quelle sera notre prochaine mission Capitaine ?

Le Capitaine KNARF : - Je ne m'y ferai jamais de ce muet qui parle…quel est donc ton nom ?

Le muet : - Je me nomme Hildebrand petit Pierre de quimper de Bretagne !

Le Capitaine KNARF marque un silence en le regardant ahuri.

Le Capitaine KNARF : - Bon eh bien je te nommerai…le muet.... Parce que j'en ai pris l'habitude …mais tu feras l'effort de moins parler ! Pour la mission … je ne sais pas encore…il est si difficile de recruter un bon équipage… !

Anne Dieulevent : - Recruter un équipage ? Mais Capitaine tous ici sommes prêts à embarquer à nouveau et à vivre de nouvelles aventures avec vous !

Le Capitaine KNARF : - Fichtre encore des femmes à mon bord ?

La chirurgienne : - Capitaine ?

Le Capitaine KNARF : - Permission de parler la Chirurgienne !

La chirurgienne : - Ne partagerions-nous pas un peu de cet élixir de ma fabrication ?

Le Capitaine KNARF : - Accordé mais seulement dès notre arrivée !

Le muet, le gentilhomme, le moussaillon, Maîtresse Poule s'exclament.

Le muet, le gentilhomme, le moussaillon, Maîtresse Poule : Ouaiiiiiiii ! Hourra pour le Capitaine ! Hourra pour Matelote !

Le Capitaine KNARF : - Matelote donne les ordres !

Matelote : - Oui Capitaine !

Le Capitaine KNARF : - Eh bien vas-y bougresse !

Matelote : - Le muet : arrime les voiles avec le gentilhomme ! Maîtresse Poule : file à ta cambuse car je sens d'ici qu'un morceau de poule colle à la marmite et est en train de brûler ! Le moussaillon : grimpe à ta vigie et ne rate pas le port sur lequel nous allons aborder ! La chirurgienne : Continue de préparer un peu plus de ton breuvage que nous fassions une véritable fête en arrivant !

Tout le monde file à sa tâche. Anne de Dieulevent s'approche de Matelote. Elle la regarde mais l'évite. Matelote se rapproche à nouveau...

Anne Dieulevent : - Et moi que fais-je ?

Matelote : - Une dame de votre rang ne s'abime pas les mains au travail manuel sur un bateau… !

Anne Dieulevent : - Ici il n'y a pas de Dame. Il n'y a que Anne qui doit payer son voyage en travaillant. Aussi quelle sera ma tâche ?

Matelote hésite. Elle regarde le Capitaine. Celui-ci ne bronche pas mais est à l'écoute. Matelote gonfle ses poumons et donne un ordre à Anne comme si elle avait pris un énorme bol de courage.

Matelote : - Matelote Anne vous m'accompagnez vérifier que tout est bien arrimé et prêt à être débarqué. Ensuite nous vérifierons que rien ne branle sur le pont !

Anne Dieulevent : - Bien ...A vos ordres ... Capitaine en second !

Le Capitaine se retrouve finalement seul sur le pont.

Scène 4 : Le Capitaine KNARF

Le Capitaine regarde l'horizon. Il se place à la barre.

Le Capitaine KNARF : - Que la mer est grande... que la mer est belle... que cette étendue d'eau est indomptable... Sur ce rafiot je suis le maître du monde... Moi le pirate sans foi ni loi qui écume les océans de la mer anglaise à la Barbade...

Il lâche la barre et s'en va pisser par-dessus le pont.

Le Capitaine KNARF : - Qui pisse au vent mouille son caban !

Il revient en grommelant.

Le Capitaine KNARF : - C'est bien la peine de connaître les règles du bon marin si c'est pour ne pas les appliquer... je me suis encore pissé dessus... !

Il lève la tête.

Le Capitaine KNARF : - Le vent gonfle les voiles et j'en suis fort heureux... nous arriverons vite pour sauver de la faim ces pauvres bougres... ces femmes qui regardent tristement leurs enfants qui manquent de tout et ces enfants trop affamés pour pleurer... ces hommes qui creusent la terre à la recherche de racines... Vite mon beau navire, vogue, vogue... il nous faut les sauver !

Il regarde l'horizon et chantonne.

Le Capitaine KNARF : - ***C'est mon rêve le plus beau. L'amour est un petit bateau. Ce fut l'instant suprême. On se disait "Je t'aime" sous un ciel toujours bleu....*** Morbleu comment me sortir cette chanson-là de la tête ? ... Foi de pirate j'y arriverai !

LUMIERE – RIDEAU

FIN

Printed by Books on Demand GmbH, Norderstedt / Germany